surtout celui de ma bonne conscience, je pense bien avoir quelque chose a craindre dans ce monde cy, et rien dans l'autre.

J'ai lû les vers du Rume &c.

LE PHILOSOPHE,

AMI DE TOUT LE MONDE,

OU

Conseils désintéressés aux Litterateurs.

Par M. L... C... qui n'est point Litterateur.

Bella, horrida bella.
Virg. Æneid. lib. 6.

A SOPHOPOLIS,

Chez le PACIFIQUE, à la Bonne-Foix.

M. DCC. LX.

LE PHILOSOPHE,

AMI DE TOUT LE MONDE.

EH ! Messieurs, entendons-nous.... Vous prétendez que l'Auteur de la Comédie nouvelle a défendu les droits de la nature & de l'humanité ; que l'Etat & la Patrie lui doivent des récompenses : j'approuve vos transports. Voulez-vous que j'estime, que je respecte le Poëte ? Je puis aller plus loin encore ; voulez-vous que je l'admire ? Ordonnez & comptez sur mon obéissance.

Vous dites, au contraire, qu'il est affreux d'avoir placé Thalie sur le chariot de Thespis ; & que mes mains, au lieu d'offrir à l'Auteur des Philosophes une guirlande de laurier, devraient se hâter plutôt d'entasser sur sa tête la honte, le mépris, & tout ce que l'opprobre a de deshonorant.

Citoyen paisible, ami de la vertu, je hais la calomnie, & je déteste comme vous les calomniateurs. Punissez, j'y consens, le détracteur de vos maîtres. A-t-il noirci leur probité, leurs mœurs ? J'entre dans vos projets, Litterateurs, Savans, Artistes : armez-vous, je vole sur vos traces. N'épargnez ni les injures, ni les atrocités. Tout est beau, tout est honorable, quand on combat pour le génie. Puisse l'exemple du perfide que vous allez punir, arrêter les complots de tout Poëte satyrique qui voudrait l'imiter.

O siecle ! ô mœurs ! Des Philosophes, qui confiderent l'univers comme leur école, & le genre humain comme leur pupile, font expofés aux ris du ftupide Vulgaire : on les joue fur la Scene Françaife ; on les couvre de ridicule, & la nation fouffre ce fpectacle indécent ! Les fots applaudiffent, les Littérateurs, ces fiers Républicains, fi jaloux autrefois de leur indépendance, accablés aujourd'hui fous la tyrannie des perfécutions, frémiffent de rage ... que dis-je ? Ils frémiffent ! l'Empire littéraire, agité comme les flots, éprouve déjà ces cruelles fecouffes qui préfagerent dans tous les tems l'inévitable ruine des plus puiffants Etats. Des factions inteftines déchirent fon fein, la fermentation des efprits trouble, déconcerte l'harmonie publique : la voix de la concorde ne fe fait plus entendre : l'amitié difparoît, le mépris dans tous les cœurs fuccede à l'eftime : le défordre aug-

A iij

mente : les disputes s'échauffent : les personalités prennent la place des raisons : les injures se multiplent : l'encre coule à torrens : les presses gémissent : l'Imprimeur perd, l'écrivain souffre : le Journaliste dit : bon, voici des matériaux pour les Journaux prochains. Trop orgueilleux cependant, trop irrités pour convenir de leurs torts, les Auteurs divisés se livrent des combats d'autant plus dangereux, qu'ils tournent à la honte des belles-lettres qu'ils flétrissent. Ils s'acharnent avec fureur à leur mutuelle destruction. Malheur au parti qui triomphe ! il ne triomphe que par les noirceurs. Malheur au parti qui succombe ! Palissot, le coupable Palissot va devenir peut-être la premiere victime de la vengeance des vainqueurs qu'il a voulu jouer.

O mes amis ! ô mes chers maîtres !

par Apollon, par les neuf Muses, par le sacré Parnasse de M. Titon, étouffez cette semence de discorde; écartez loin de vous ce flambeau des furies. Prévenez, il en est tems encor, les suites dangereuses d'une querelle qui ne peut être favorable à aucun de vous. Songez au malheureux destin & des Grecs & de Troye ; vous ne l'ignorez pas, ô mes respectables guides ! ni les hauts faits de l'inflexible Achille, ni les exploits du généreux Hector, ni les efforts conjurés des Dieux & des Héros, ne purent en dix ans terminer une guerre qui coûta tant de sang à la Grece, tant de vers au sublime Homere, & tant d'absurdités à ses commentateurs. Un cheval, vous le savez, Messieurs, un cheval dans une seule nuit cueillit les fruits de dix années de travaux, de carnage, de peuples. Peuple littérateur, craignez le même sort : regardez, & tremblez. Abraham vous écoute. Prêt à saisir les Epigrammes, les bons mots, les calomnies qui se diront de part & d'autre, il profitera seul de vos divisions, & bientôt à vos dépens, peut-être même aux siens, il enrichira le Public d'un volume nouveau d'injures portatives. Ne le voyez-vous pas parcourir rapidement tous les quartiers, toutes les assemblées ? L'air satisfait, la bouche immensement ouverte, & les yeux clignotans, il tourne, il examine, il écoute, il interroge & ne répond jamais. *Circuit sicut Leo rugiens, quærens quem devoret.* Ainsi donc, ce ne sera que pour la gloire d'Abraham que vous combattrez tous ? Ainsi son ouvrage futur sera le précieux égout où vous irez épancher votre bile. Ah! périsse plutôt le savant éditeur du Journal de Trévoux, si quelqu'un doit lui ravir l'honneur d'annoncer aux colléges les écrits éphémeres qui seront composés au sujet de cette Comédie.

Mais la haine qui divife vos cœurs & vos efprits, eft-elle invincible ? Vous êtes-vous juré une horreur éternelle ? Ennemis irréconciliables, l'humanité, l'honneur & l'intérêt commun ne pourront-ils vous réunir ? Placé comme le Jupiter d'Homere fur la cîme du Mont Ida, je pourrais contempler d'un œil indifferent les coups que vous vous porterez, fi je ne préferais à ce rôle barbare, l'action de ce Romain généreux qui s'immola pour fes concitoyens. Né pour l'obfcurité, fans génie & prefque fans talens, je ne puis vous offrir qu'un zele pur & défintéreffé. Tous mes vœux, tous mes defirs fe bornent à vous mettre d'accord. Mais avant de prononcer comme votre juge, avant de vous calmer comme votre médiateur, je veux bien me charger de toute l'averfion que vous vous infpirez mutuellement. Ames philofophiques, & vous, petits Auteurs, qui ne cessez de déchirer vos maîtres, ne vous haïssez plus, tournez contre moi seul vos dards empoisonnés : abondonnez aux vents ces odieux Libelles, jettez dans les flammes ces défenses, ces réponses, ces folles visions, ces écrits clandestins, ces couplets scandaleux. Bienfaiteurs de l'humanité, vous qui contemplez avec tant de plaisir l'étendue de la sottise humaine, désavouez ces traits deshonorans que des mains ténébreuses lancent avec tant de rage contre la probité, les mœurs d'un ennemi qui, tranquille & sans inquietude, voit les dangers, entend gronder la foudre, & garde le silence. Vous êtes offensés; vous voulez vous venger ; je ne condamne point votre ressentiment. Qu'il seroit beau cependant, qu'il seroit glorieux à celui d'entre vous qui se croit le plus insulté, de fouler à ses pieds toute idée de rancune ! d'aller à son ennemi, de l'embrasser & de lui dire : ô mon fils ! que t'avais-je fait pour me traiter ainsi ? J'avais prévu que ton mauvais génie t'inspirerait le dessein d'écrire des Comédies, & ma bonté t'avait tracé des regles : regles à la vérité bien differentes de celles d'Aristote, d'Horace, &c. mais telles cependant que j'ai pû les donner. Tu voulais composer des pieces de Théâtre, & je t'avais donné l'exemple. Ingrat ! je t'avais indiqué jusqu'aux genres que tu pouvais choisir. N'est-ce pas à mon génie que tu dois la sublime idée de ce drame que je place entre la Comédie en général & la Tragédie ? Quel autre eût comme moi découvert l'espace inculte qui séparait l'ancienne Comédie du genre larmoyant, & bâti dans ce climat glacé, l'ensemble bisarre d'un drame domestique. Je ne prévoyais point alors que pour amuser le peuple aux dépens de ton maître, tu te servirais un jour de ces mêmes préceptes, & que ma bonté prendrait dans tes mains l'apparence du ridicule. Ainsi voit-on les eaux les plus belles dans leur source se corrompre dans leur cours, quand elles passent dans des canaux impurs. Toutefois, ô mon fils ! si ton cœur est sensible à mes reproches, s'il éprouve des remords, je suis assez vengé. Trop au-dessus des Ames vulgaires, pour conserver quelque ressentiment, je ne veux te punir qu'à force de bienfaits. J'avois formé le dessein de te dire des injures, & les injures expirent dans ma bouche.

Comme on vit autrefois les Tigres furieux, les Ours & les Lions oublier auprès d'Orphée leur férocité, renoncer à la rudesse de leur éducation, & danser avec les rochers aux sons

mélodieux de ce tendre fluteur : ou , *
comme aux portes du Tartare, Cerbere un jour cessa d'aboyer pour ne pas interrompre ce fameux chantre de la Thrace ; de même on verrait M. Palissot, moins dur qu'un rocher, plus poli sans doute que les monstres des bois, & moins bruyant que le chien des Enfers, détester ses attentats, avouer ses fautes, tomber aux genoux du sage, & les arroser de ces heureuses larmes qu'arrache à tout Etre sensible un vrai repentir.

Oui, ce jeune imprudent, au lieu de s'enorgueillir des applaudissemens qu'il doit peut-être à la malignité publique autant & plus encor qu'au choix de son sujet ; au lieu de dire &

---

* On appelle cette espece de comparaison, comparaison à queue ; Madame Dacier l'aimait beaucoup, & la croyait très propre à donner du nerf au discours.

de prouver que des Philofophes peuvent être confondus fur la fçene avec les Medecins, les Poëtes, les ambitieux, les faux dévots & les cocus de tous les états: pénétré de refpect pour la philofophie, il ferait fur ce même Théâtre, qu'il vient de profaner, un défaveu public de tant de vérités dures, humiliantes qui fe font furtivement gliffées dans fa Comédie.

Eh ! comment en effet pourroit-il juftifier cet indigne Libelle ? Dirait-il qu'ennemi de la fauffe fageffe, il a voulu feulement attaquer les fentimens de quelques Sophiftes d'autant plus dangereux, qu'à la faveur du manteau de la Philofophie, & d'une fuperiorité de talens qui les rend vraiment recommandables, ils en impofent à la multitude ? Dirait-il que le Théâtre.... Mais, depuis quand, Poëte audacieux, eft-il permis à l'accufé de dicter à fes Juges l'arrêt qu'ils doivent prononcer ? Oubliez-vous que c'eft à moi que vous parlez ? Imitez le filence de vos accufateurs. C'eft à moi feul dans cet inftant qu'il appartient de vous abfoudre ou de vous condamner.

Jufqu'ici, médiateur impartial, j'ai fait ce que j'ai dû ; j'ai fait ce que la République attendait de mon zele pour appaifer les troubles qu'excitent les deux factions ennemies. Maintenant, juge févere, je vais, fans paffion, difcuter les grands intérêts qui me font confiés, & décider enfuite avec cette équité courageufe, inaltérable qui caractérife le fage.

Le fujet de cette piece porte, difent les ennemis de la Philofophie, directement fur le bien public, fur les intérêts de l'efpece humaine en général, & fur ceux du gouvernement. Le

Poëte, continuent-ils, ne s'eſt propoſé d'autre but que celui de décrier les dangereux principes de quelques Philoſophes, & de prévenir les conſéquences funeſtes qu'entraineraient les maximes corrompues de ces Meſſieurs, ſi leurs erreurs étaient accréditées.

La vérité de ces obſervations fût-elle démontrée, il n'en eſt pas moins vrai, répondent les Philoſophes, que Mr. Paliſſot a violé le droit des gens, qu'il a bleſſé les bonnes mœurs, & qu'enfin il a fait un outrage à la plus reſpectable des ſciences humaines. Quand même, ajoute-t-on, les ſentimens des Auteurs attaqués ſeroient répréhenſibles, Mr. Paliſſot devait ſçavoir que ce n'eſt point à la Comédie à parler de ces matieres, & que la morale eſt ſeule en droit de combattre & de détruire par la force de ſes raiſonnemens, le ſcandale & la licence des dangereuſes opinions.

Telles ſont, à peu près, les raiſons qu'on allegue en faveur des Philoſophes ; elles m'ont paru faibles, & n'ont pu me ſéduire.

En effet, à ſuppoſer qu'il exiſtât parmi nous des Auteurs aſſez mal-intentionnés pour traiter dans leurs livres, de préjugés Gothiques les devoirs les plus ſacrés ; qu'il y eût des hommes aſſez durs, aſſez barbares pour vouloir rompre ces liens heureux que forme la nature, que protegent les Loix, que reſſerrent ſans ceſſe nos beſoins mutuels ; qu'il s'élevât enfin une docte ſociété, qui, préférant le déſordre de l'anarchie à la douce & conſtante harmonie des gouvernemens ſages & moderés, ſoutînt dans ſes ouvrages, que tout ſujet eſt libre d'obéir ou de ſe ſouſtraire au joug de l'autorité suprême : je le demande, non à des Philosophes, non à leurs ennemis, mais à tout Etre capable de raisonner & de conclure; seroit-ce un crime d'attaquer, de poursuivre sans ménagement, je ne dis pas les Auteurs, toujours respectables, de ces systêmes, mais leurs systêmes, parce qu'ils sont pernicieux, & les égards que nous aurions pour eux ne prouveraient-ils pas ou la foiblesse de nos esprits, ou la corruption de nos ames?

Convaincu de la sagesse & de l'exacte probité des Savans qui nous éclairent, persuadé que ma patrie n'a rien à redouter de leurs sentimens, de leurs opinions, des questions qu'ils décident, des propositions qu'ils avancent, & que tout, jusqu'aux vérités que leurs mains liberales daignent jetter au peuple, tend à l'instruction, à la félicité commune, je ne crois pas qu'on me soupçonne d'avoir voulu les désigner. Je ne parle que de ces orgueilleux Sophistes, qui n'existent point encor, mais qui graces aux progrès de la malice de ces derniers tems, pourraient exister quelque jour; de ces hommes qui pompeusement parés du nom de Philosophes, croiront mériter des autels pour avoir osé placer l'espece humaine à côté des reptiles, & pour avoir porté leur bras sacrilége sur ces bornes immuables, indestructibles, qui séparent le vice de la vertu, le bien du mal, le juste de l'injuste.

Chacun a son avis bon ou mauvais; le mien me satisfait. Je crois que si l'autorité des juges ne pouvait mettre un frein à la licence de ces hardis législateurs, il seroit nécessaire, essentiel, indispensable de livrer leurs opinions aux Poëtes comiques, seuls en droit de les corriger ou de les contenir par la crainte du ridicule.

Tous les genres font bons ; un grand homme l'a dit, j'aime à le répeter. Si j'étais littérateur, si je faisais des livres, des traductions, des Poëtiques ; enfin si, pour comble de gloire & de félicité, j'étais Cenfeur Royal, qu'on me permette de le dire, je ne défapprouverais une piece de Théâtre, qu'autant que fans m'inftruire elle m'ennuyerait.

On m'a tant de fois appris qu'en général la Comédie eft un Poëme ingénieux, qui fous le voile du plaifir nous donne des leçons utiles, que comprenant par cette définition les effets qu'elle devait produire fur les fpectateurs, j'ai penfé qu'elle devait les inftruire, leur plaire, & les rendre meilleurs. Or, pour atteindre ce but, il a bien fallu que les Poëtes dramatiques ayent eu de tous les tems la liberté d'expofer fur le Théâtre les défauts, les ridicules & les vices des Particuliers. Eh ! par quelle autre voie pourraient-ils corriger le Public de ces défauts & de ces ridicules, ou le prémunir contre les dangers de ces mêmes vices ?

Il réfulte je crois de ce principe, qu'il n'y a point de matiere étrangere au Théâtre, toutes les fois que le fujet, quelque grave qu'il puiffe être, tendra à la correction des mœurs. Suppofer donc qu'il ne convient point à la Comédie d'attaquer, par des peintures ridicules, des erreurs dont les progrès peuvent nuire à la fociété, c'eft, fi je ne me trompe, avancer une propofition abfurde. Sur quelles raifons peuvent donc fe fonder ceux qui prétendent interdire au Poëte jufqu'à la liberté de nommer certaines profeffions ; & qui, refferrant les bornes du Théâtre, qu'il feroit cependant fi nécessaire d'étendre, ne peuvent souffrir qu'on parle des abus qui malheureusement autorisés par ces mêmes professions, se répandent dans le Public, & bientôt infecteront tous les Ordres de l'Etat.

Les traits les plus frappans d'une sérieuse morale ne font, on le sait, que s'émousser sur l'Egide qui couvre les faux dévots, ainsi que les faux sages. La fourberie des premiers, les sophismes des autres renversent en un instant tout ce que la vertu, secondée par la force des preuves & des raisonnemens, pourrait leur opposer. Mais veut-on ramener ces deux especes de vicieux, l'une au vrai culte, & l'autre à la saine Philosophie, il n'y a qu'une ressource ; c'est de les exposer à la risée publique. S'ils persistent encore dans leurs sentimens, du moins ne caresseront-ils leurs erreurs qu'en secret. Y a-t-il de tête assez folle pour vouloir être ridicule ?

Présent des cieux, science salutaire, la bonne Philosophie, toujours occupée à contempler les merveilles de la nature, pour conduire les hommes, des vérités utiles, aux vérités sublimes, est aussi respectable que les objets de ses méditations. Il seroit aussi honteux pour la nation d'avoir souffert qu'on jouât sous ses yeux cette Philosophie, qu'il serait deshonorant pour M. Palissot d'avoir voulu en faire un sujet de Comédie.

Mais est-il vraisemblable qu'au milieu d'un Peuple doux, aimable, poli ; peut-on supposer que dans une ville, dont les habitans ne sont ni méchans, ni cruels, ni sauvages, un Auteur ait eu l'audace de flétrir des citoyens utiles à l'Etat, chers à la Patrie, connus, estimés, admirés dans toute l'Europe ? Peut-on supposer que le spectateur tranquille ait vû d'un œil indifferent le respectable Auteur du dangereux systême de l'intérêt personnel, deshonoré, joué sur la scene Françaife? Et n'est-il pas plus naturel de croire que le Public, persuadé de la candeur & de l'exacte probité, de la conduite décente & de l'integrité des mœurs de ce bon patriote, n'a point crié à l'injure, à l'horreur, à l'atrocité, parce qu'il n'a vû dans l'action de cette Comédie que le danger des conséquences qui peuvent résulter de ce systême, quand il est adopté par des hommes moins éclairés, moins vertueux que l'Auteur, qui, tout au plus par imprudence, a cru pouvoir le publier? Peut-on s'imaginer qu'on ait voulu noircir la vertu, les qualités de l'ame, ou tourner en ridicule les talens supérieurs, les utiles découvertes de ce Savant, aussi connu des nations étrangeres, qu'il a de la célébrité

chez

chez vos voisins & dans sa patrie ; de ce grand Ecrivain, l'ornement de la France Littéraire & de l'Europe sçavante, comme il est l'ornement des Académies qui se sont honorées en l'honorant de leur choix ? Je sais que l'ingrate Athènes applaudit à l'outrage qu'Aristophane osa faire au plus Sage des Grecs. Je sais que le vertueux Socrate, en bute à la calomnie de ce Poëte satyrique, essuya les huées d'une insolente multitude. Mais quelle différence entre les vertus de ce Sage, & les caracteres tracés dans la Comédie de M. Palissot ? Caracteres tracés d'après les conséquences que peuvent entraîner les sentimens & les erreurs de quelques écrivains, & non d'après ces écrivains eux-mêmes. Quel trait de ressemblance a rappellé le souvenir du malheureux Socrate ? Son ennemi reçut des applaudissemens, tandis qu'il méritait d'expirer dans les supplices. Ni les complots d'Anitus & de Melitus, ni

B

la maligne joie des Spectateurs qui affifterent à la Repréfentation des Nuées, ne peuvent excufer le crime d'Ariftophane. Socrate, accufé de corrompre la Jeuneffe, & de troubler la République, connoiffait, adorait une Providence, obéiffait aux Loix, formait Alcibiade, éclairait fes concitoyens. Ses vertus, fa candeur, fes bienfaits, fa fageffe devaient, fans doute, le mettre à l'abri des perfécutions. Mais, fi ce même Socrate, au lieu d'inftruire fa Patrie, & de fe conformer aux ufages reçus, eut hautement bravé les Loix ; fi fes leçons n'euffent été que de dangereux préceptes ; faftueux interprete de la Nature, s'il eût dit, s'il eût écrit, que l'homme qui penfe, & le bœuf qui rumine, font deux êtres auffi bornés l'un que l'autre, qu'il n'y a point de différence entre l'ame de l'homme & l'inftinct des animaux, il n'eût été que ridicule, & fon erreur n'eût infpiré qu'une pitié philofophique. Mais fi, pensant & s'exprimant avec plus de licence, il eût dit à ses concitoyens : Peuple d'Athènes ! quelle folle espérance, quelle crainte puérile entretient dans vos cœurs l'amour de la vertu ? Les Dieux n'existent point, & vous sacrifiez aux Dieux. Il n'y a point d'Etre Suprême, & vous parlez des récompenses que cet Etre imaginaire destine aux cœurs vertueux. Ce même Dieu que vous peignez sous les traits les plus aimables, ce Dieu juste & bienfaisant, vous le représentez comme un Maître cruel, comme un Tyran farouche, alteré du sang des hommes, inflexible dans sa colere, terrible dans sa vengeance, & toujours prêt à punir par des tourmens éternels les plus légeres faiblesses. Découvrez-moi les raisons, les motifs de cette étonnante contrariété, ou souffrez que j'abhorre, que je détruise votre culte, ou plutôt renoncez-y vous-mêmes. Quels biens en esperez-vous, insensés ! Quels supplices pouvez-vous redouter, puisqu'avec votre corps l'ame, cet Etre chimérique, doit rentrer dans le néant ? Voulez - vous être heureux, peuple d'Attique, voulez-vous couler dans le bonheur, des jours brillans & tranquilles ? Cessez de croire à la réalité de ce que vous nommez le bien, le mal, le vice, la vertu, le juste & l'injuste. *L'ame elle-même n'est qu'un vain terme dont on n'a point d'idée & dont un bon esprit ne doit se servir que pour nommer la partie qui pense en nous. Posé le moindre principe du mouvement, les corps animés auront tout ce qu'il faut pour se mouvoir, sentir, penser, se repentir & se conduire : en un mot, dans la Physique & dans la Morale, être né avec l'intelligence & un instinct sûr de Morale, & n'être qu'un animal, sont des choses qui ne sont pas plus contradictoires qu'être un Singe & un Perroquet, & sçavoir se donner du plaisir. Enfin, je crois la pensée si peu incompatible avec la matiere organisée, qu'elle semble en être une propriété, telle que l'électricité, l'impénétrabilité, l'étendue*, &c. Regarderions-nous alors Aristophane comme un Calomniateur, & Socrate comme un Sage, si ce dernier eût offert à la censure du Poëte un système aussi pernicieux? Pourrions-nous, en plaignant le sort du Philosophe, refuser notre estime & nos éloges au zèle de son ennemi? Mais puisqu'Aristophane...... Eh! Messieurs, laissez-là votre Aristophane. Quel intérêt avez-vous à connoître les causes qui l'engagerent à s'élever contre la Philosophie? Est-ce de lui, de sa victime, du Démon familier de Socrate? non, c'est de la Comédie des Philosophes qu'il s'agit maintenant. Il n'est pas même question de sçavoir si le métier d'Auteur jouit de quelque privilége qui le dispense de paroître sur la Scene. Nous avons décidé cette importante question en faveur des Poëtes Comiques. Il seroit indécent aussi d'examiner si de bons Citoyens, si des Sages estimables par leurs mœurs autant que par leurs écrits, ont dû être exposés au ridicule du Théâtre ; nous avons jugé ce point en faveur des Philosophes, lorsque nous avons dit que nous croyons les caracteres de cette Comédie tracés, non d'après les caracteres de ces Messieurs, mais d'après les erreurs répandues dans leurs écrits. Il ne reste donc plus qu'à prononcer sur le fait, c'est-à-dire, à examiner si les sentimens de quelques Philosophes ont mérité d'être joués.

La profonde vénération que j'eus toujours pour la Philosophie me déterminerait à soutenir, par un mauvais jugement, la justesse & l'innocence de ses opinions, si je ne craignois l'importunité des remords qu'éprouverait mon cœur, s'il osait resister à la force de la vérité qui l'entraîne. Mon ignorance est telle que je ne sçaurais croire, *qu'il faut pour être heureux, étouffer les remords : qu'inutiles avant le crime, ils ne servent pas plus après,* que quand on *le commet : que la bonne Philosophie se deshonorerait en s'occupant de ces fâcheuses réminiscences, & en s'arrêtant à ces vieux préjugés.* Je me connais, je ne pourrais jamais me pardonner une lâche complaisance. Ce prestige imposant, qu'avec les bonnes gens je nomme *conscience*, me reprocherait sans cesse la foiblesse que j'aurais de trahir la vérité pour le plaisir infructueux de flatter de trop dangereuses erreurs. Mais comme toutes mes vûes tendent à reconcilier les deux partis, il y aurait de l'injustice à penser que je cherche à faire ma cour à l'une de ces deux factions aux dépens de l'autre. Je me contente d'appuyer ma décision sur quelques preuves littérales que je prends au hazard dans la foule de celles que m'offrent les ouvrages de Messieurs les Philosophes, ouvrages où j'ai trouvé d'ailleurs une source inépuisable de bonne instruction.

Je dis donc, pour l'honneur de mon opinion, que M. Palissot a pû

sans crime & sans noirceur couvrir de ridicule les sentimens & les erreurs de quelques Philosophes, parce que ces Messieurs ont mérité tout au moins de voir publiquement joués quelques uns de leurs sentimens & de leurs sistêmes, quand volontairement chargés d'instruire & d'éclairer les hommes, ils ont écrit. » Le libertinage n'est po-
» litiquement dangereux dans un Etat
» que lorsqu'il est en opposition avec
» les Loix (a) du Pays, ou qu'il se trouve
» uni à quelqu'autre vice du Gouver-
» nement... Les femmes sages en fai-
» sant des largesses à des mendians
» ou à des criminels, sont moins
» bien (b) conseillées que les femmes
» galantes : celles-ci nourrissent des
» citoyens utiles, & celles-là des
» hommes inutiles, ou même les en-
» nemis de la Nation.... Ce sont les
» passions fortes qui font exécuter les
» actions (c) courageuses, & concevoir

(a) De l'Esprit, pag. 150.
(b) Ibid. pag. 158.
(c) Ibid. pag. 298.

» ces idées qui font l'étonnement &
» l'admiration de tous les siécles. J'en-
» tends par passion forte, une passion
» dont l'objet soit si nécessaire à no-
» tre bonheur que la vie nous soit in-
» supportable sans la possession de cet
» objet. Telle est l'idée d'Omar,
» lorsqu'il dit : qui que tu sois, qui,
» amoureux de la liberté veux être
» riche sans biens, puissant sans su-
» jets, sujet sans Maître, ose mé-
» priser la mort, les Rois tremble-
» ront devant toi.... Les peines &
» les plaisirs (a) des sens peuvent nous
» inspirer toute espéce de passions,
» de sentimens & de vertus.... De
» tous les dons que le Ciel peut ver-
» ser sur une Nation (b), le plus fu-
» neste serait, sans doute, la pruden-
» ce.... C'est à l'imprudence & à la
» folie que le Ciel attache la conser-
» vation des Empires & la durée du
» monde.... Ce n'est souvent que
» par la bouche de la licence que les

(a) Ibid. pag. 364.
(b) Ibid. pag. 582 & 583.

» plaintes des (*a*) opprimés peuvent s'é-
» lever jufqu'au Thrône.... Les Gou-
» vernemens peuvent fe diffoudre,
» quand les Puiffances (*b*) legiflatives
» & exécutrices agiffent par la force
» au-de-là de l'autorité qui leur a été
» commife...... Parmi tant de Ro-
» mains qui fe font volontairement
» donné la mort, il en eft peu qui,
» par le maffacre des Tyrans, ayent
» ofé la rendre utile à leur Patrie.
» En vain diroit-on que la Garde qui
» de toute part environnait (*c*) le Pa-
» lais de la Tyrannie, leur en défen-
» dait l'accès ; c'était la crainte des
» fupplices qui défarmait leur bras,
» &c.... Ah ! Meffieurs les Philofophes, qu'elles font cruelles ces pro-
pofitions. Vous jouiffez & vous méri-
tez fans doute de jouir de l'eftime publique. Mais ne craindriez-vous pas
de perdre cette eftime, fi vos actions,

(*a*) Ibid. gag. 79.
(*b*) Dict. Encycl. au mot, Gouvernement.
(*c*) De l'Efprit, pag. 450.

vos mœurs, votre conduite étaient conformes à ces étranges sentimens. J'admire votre génie, j'estime vos talens, je respecte vos écrits. Mais n'exigez pas, de grace, que je revere vos délires, que j'encense vos erreurs ; ou pour m'exprimer comme vous, *que je me prosterne devant vos immortels Ouvrages comme devant les Crocodiles de Memphis.* Ni la beauté de vos raisonnemens, ni la force de vos preuves, ni le coloris brillant de votre stile, ne me feront regarder comme un crime la critique de vos Aggresseurs. Je suis de bonne foi. Daignez, si je me trompe, éclairer mon ignorance. Quelle funeste instruction que celle qui m'apprend à ne respecter rien, qui me permet de briser les nœuds sacrés qui m'unissent à mon Pere, à mon Fils, à mon Prince, à ma Patrie ! Quel plaisir goûtez-vous à dégrader par des maximes aussi pernicieuses les bonnes, les utiles leçons que vous me donnez ; quand, discourant sur le monde moral & sur le monde politique, vous m'apprenez à respecter les Loix, à m'enflammer pour la Vertu ; quand, échauffant mon ame, vous m'enseignez à réprimer les mouvemens de mon cœur, à moderer la fougue de mes passions. Que j'aime alors à vous voir dignes de ma reconnoissance ! Sont-ce là, me dis-je à moi-même, ces Philosophes qui viennent de confondre toutes mes idées, qui viennent d'affliger mon ame en lui annonçant la certitude de son anéantissement ? Quel mélange bisarre, quel assemblage inconcevable d'erreurs & de vérités, de bons principes & de maximes dangereuses ! Mais les Sages qui l'écrivent, cette Morale pure, n'ont-ils pas en même-temps tracé ces préceptes cruels qui seroient regardés comme pernicieux, même par les Sauvages des forêts de l'Orenoque. Je crains alors que vos principes ne soient également infectés ; je crains tout ce que m'offrent vos Livres : ma crainte est-elle mal fondée ? Les fruits de l'arbre sont gâtés, quand une sève corrompue circule dans sa tige.

F I N.

www.ingramcontent.com/pod-product-compliance
Lightning Source LLC
Chambersburg PA
CBHW060719050426
42451CB00010B/1526